Célestin Bouglé

Qu'est-ce que l'esprit français ?

Vingt définitions choisies et annotées

ISBN : 978-1514234563

10 9 8 7 6 5 4 3 2 1

Célestin Bouglé

Qu'est-ce que l'esprit français ?

Vingt définitions choisies et annotées

Table de Matières

Avant-propos

Quiconque eut à faire des conférences à l'étranger, ou des cours pour ces étudiants qui, de tant de pays, reviennent aujourd'hui vers nos Universités, n'a pu qu'être frappé de l'espèce d'avidité avec laquelle les auditeurs demandent une définition de ce qui est à leurs yeux non pas seulement la parure, mais le ressort intérieur, la force profonde de notre civilisation : l'esprit français.

« Qu'est-ce donc que l'esprit français ? » C'est la question que tous ont sur les lèvres.

Question singulièrement embarrassante, il faut l'avouer. Le Français qu'on interroge et qui s'interroge sur la façon de penser propre à son pays est le plus souvent frappé, pour sa part, des diversités, sinon des contradictions que présentent les façons de penser des Français, de ceux d'autrefois comme de ceux d'aujourd'hui ; et la peur d'être injuste en étant incomplet l'empêche d'aboutir aux formules synthétiques qu'on attend de lui.

N'est-ce pas le moment d'appeler à l'aide les maîtres divers de la pensée française, d'aujourd'hui comme d'autrefois ? Beaucoup d'entre eux ont osé s'essayer un jour, ramassant les résultats de leurs expériences, à composer comme un portrait moral du génie de leur nation. D'où une série d'esquisses, assez variées sans doute, et qui mettent en lumière tantôt un aspect, tantôt un autre du modèle : mais cette variété même est révélatrice...

Des pages choisies de cette sorte méritent à l'heure qu'il est d'être méditées et commentées. Elles peuvent, croyons-nous, susciter non pas seulement à l'étranger, mais même en France, plus d'une réflexion utile.

C. B.

Célestin Bouglé

MONTESQUIEU

L'extrait suivant reproduit en entier le chapitre v du livre XIX de l'Esprit des Lois. Le chapitre est intitulé : Combien il faut être attentif à ne pas changer l'esprit d'une nation.

Dans l'Esprit des Lois (publié en 1748), Montesquieu insiste à plusieurs reprises sur l'idée que tous les régimes ne conviennent pas à tous les pays. « J'appelle ici préjugés, dit-il dans sa préface, non pas ce qui fait qu'on ignore de certaines choses, mais ce qui fait qu'on s'ignore soi-même. » Définition du préjugé très différente de celle qu'adoptaient la plupart des esprits au XVIIIe siècle.

Dans son premier ouvrage, les Lettres persanes (1721), Montesquieu avait systématiquement pratiqué cette « manière frivole » où il va montrer ici une des caractéristiques du génie français. Et on devait lui reprocher de continuer à faire « de l'esprit sur les lois » dans son grand ouvrage. Il n'en trouva pas moins le moyen d'y fonder la sociologie moderne.

1
Le génie naturel de la nation française

S'il y avait dans le monde une nation qui eût une humeur sociable, une ouverture de cœur, une joie dans la vie, un goût, une facilité à communiquer ses pensées ; qui fût vive, agréable, enjouée, quelques-fois [1] imprudente, souvent indiscrète [2] ; et qui eût avec cela du courage, de la générosité, de la franchise, un certain point d'honneur, il ne faudrait point chercher à gêner par des lois ses manières, pour ne point gêner ses vertus. Si en général le caractère est bon, qu'importe de quelques défauts qui s'y trouvent ?

On y pourroit contenir les femmes, faire des lois pour corriger

---

1 Nous gardons l'orthographe de l'édition des *Œuvres de Montesquieu* par DESTUTT DE TRACY, 1822.

2 *Indiscret* ne se dit pas seulement de celui qui ne garde pas un secret, mais de celui qui manque de retenue, qui se laisse emporter par son élan. Cf. MONTAIGNE, *Essais*, livre II, chap. XXVII : « Indiscrette nation ! Nous ne nous contentons pas de faire savoir nos vices et folies au monde, par réputation : nous allons aux nations étrangères, pour les leur faire voir en présence. »

leurs mœurs, et borner leur luxe : mais qui sait si on n'y perdroit pas un certain goût qui seroit la source des richesses de la nation, et une politesse qui attire chez elle les étrangers ?

C'est au législateur à suivre l'esprit de la nation lorsqu'il n'est pas contraire aux principes du gouvernement ; car nous ne faisons rien de mieux que ce que nous faisons librement et en suivant notre génie naturel.

Qu'on donne un esprit de pédanterie à une nation naturellement gaie [1], l'État n'y gagnera rien ni pour le dedans ni pour le dehors. Laissez-lui faire les choses frivoles sérieusement, et gaiement les choses sérieuses.

RIVAROL

En 1783, l'Académie de Berlin proposait comme thème de concours aux écrivains, le sujet suivant : « Qu'est-ce qui a rendu la langue française universelle ? Pourquoi mérite-t-elle cette prérogative ? Est-il à présumer qu'elle la conserve ? » C'est pour répondre à ces questions qu'Antoine Rivarol,, alors âgé de 30 ans, – et qui devait plus tard vivre à Berlin en exilé, – composa son Mémoire sur l'universalité de la langue française.

Les problèmes de linguistique, d'ailleurs, ont toujours intéressé ce moraliste, et c'est au début d'un autre ouvrage : le Discours sur l'homme intellectuel et moral, – discours où il combat âprement Rousseau, – qu'il a écrit que l'étude du langage constituerait une « philosophie expérimentale de l'esprit et qu'on pourrait attendre d'elle la meilleure histoire de l'entendement humain ».

Aussi s'empressa-t-il de concourir devant l'Académie de Berlin, et le lit-il avec tant de talent qu'il fut couronné par elle. De fait, ce mémoire est bien le chef-d'œuvre de Rivarol. On y retrouve, souvent, la finesse spirituelle, l'art de dresser les silhouettes et de faire vivre, le mot heureux, la profondeur pénétrante aussi de ces réflexions qu'il écrivit dans ses Carnets, et qui l'apparentent à Chamfort.

1 « Je ne fay rien sans gayeté, » disait Montaigne (Essais, livre II, chap. X.) ; et il parle de la nation française comme naturellement libre et gaie.

Célestin Bouglé

2
La langue française et l'esprit français [1]

... Ce qui distingue notre langue des langues anciennes et modernes, c'est l'ordre et la construction de la phrase. Cet ordre doit toujours être direct et nécessairement clair. Le français nomme d'abord le *sujet* du discours, ensuite le *verbe* qui est l'action, et enfin l'*objet* de cette action : voilà la logique naturelle à tous les hommes ; voilà ce qui constitue le sens commun. Or, cet ordre si favorable, si nécessaire au raisonnement, est presque toujours contraire aux sensations, qui nomment le premier l'objet qui frappe le premier : c'est pourquoi tous les peuples, abandonnant l'ordre direct, ont eu recours aux tournures plus ou moins hardies, selon que leurs sensations ou l'harmonie l'exigeaient ; et l'inversion a prévalu sur la terre, parce que l'homme est plus impérieusement gouverné par les passions que par la raison.

Le français, par un privilège unique, est seul resté fidèle à l'ordre direct, comme s'il était tout raison [2] ; et on a beau, par les mouvements les plus variés et toutes les ressources du style, déguiser cet ordre, il faut toujours qu'il existe : et c'est en vain que les passions nous bouleversent et nous sollicitent de suivre l'ordre des sensations ; la syntaxe française est incorruptible. C'est de là que résulte cette admirable clarté, base éternelle de notre langue. *Ce qui n'est pas clair n'est pas français* ; ce qui n'est pas clair est encore anglais, italien, grec ou latin. Pour apprendre les langues à inversions, il suffit de connaître les mots et les régimes ; pour apprendre la langue française, il faut encore retenir l'arrangement des mots. On dirait que c'est d'une géométrie toute élémentaire, de la simple ligne droite, que s'est formée la langue française ; et que ce sont les courbes et leurs variétés infinies qui ont présidé aux langues grecque et latine. La nôtre, règle et conduit la pensée ; celles-là se précipitent et s'égarent avec elle dans le labyrinthe

1 Extr. de l'Universalité de la langue française.
2 RIVAROL méconnaît ici les faits phonétiques qui ont poussé les Français à imaginer l'ordre « logique ». La langue ayant perdu ses flexions, et, dans la déclinaison du nom, le cas sujet et le cas régime étant devenus indiscernables, il fallait rendre à la proposition sa clarté par la place assignée au sujet et au complément.

RIVAROL

des sensations, et suivent tous les caprices de l'harmonie : aussi furent-elles merveilleuses pour les oracles, et la nôtre les eût absolument décriés.

... Si on ne lui trouve pas les diminutifs et les mignardises de la langue italienne, son allure est plus mâle. Dégagée de tous les protocoles que la bassesse inventa pour la vanité et la faiblesse pour le pouvoir, elle en est plus faite pour la conversation, lien des hommes et charme de tous les âges ; et puisqu'il faut le dire, elle est de toutes les langues la seule qui ait une probité attachée à son génie. Sûre, sociable et raisonnable, ce n'est plus la langue française, c'est la langue humaine... [1]

3
La situation de la France et le tempérament français [2]

... (Mais) la France, qui a dans son sein une subsistance assurée et des richesses immortelles, agit contre ses intérêts et méconnaît son génie, quand elle se livre à l'esprit de conquête [3]. Son influence est si grande dans la paix et dans la guerre, que toujours maîtresse de donner l'une ou l'autre, il doit lui sembler doux de tenir dans ses mains la balance des empires, et d'associer le repos de l'Europe au sien. Par sa situation, elle tient à tous les États ; par sa juste étendue, elle touche à ses véritables limites [4]. Il faut donc que la

1 Sur l'espèce de rationalisme impliqué dans la structure même de la langue française, v. les remarques de Taine dans les *Origines de la France contemporaine* t. II.
On trouvera une analyse des diverses raisons qui ont contribué à l'expansion de la langue française dans le t. V de *l'Histoire de la langue française*, de F. Brunot (publiée en 1917).
2 Extr. de *l'Universalité de la langue française* (1784).
3 « L'esprit de conquête », Benjamin Constant retiendra ces trois mots pour en faire le titre d'une brochure virulente qu'il publie en 1813, au moment où l'on craint que l'empereur ne reprenne le pouvoir et ne recommence les guerres. B. Constant y démontre que l'esprit de conquête n'est pas seulement contraire aux intérêts de la France, mais à l'esprit de liberté et aux besoins du commerce : il est anachronique.
4 On a maintes fois insisté sur le caractère moyen et intermédiaire de la France. C'est l'un des thèmes que développe admirablement Vidal de La Blache dans le *Tableau de la géographie de la France*, qui commence *l'Histoire de France* publiée sous la direction de M. Lavisse.
Cf. SCHRADER. *La synthèse géographique, historique et morale de la*

Célestin Bouglé

France conserve et qu'elle soit conservée ; ce qui la distingue de tous les peuples anciens et modernes. Le commerce des deux mers enrichit ses villes maritimes et vivifie son intérieur ; et c'est de ses productions qu'elle alimente son commerce, si bien que tout le monde a besoin de la France, quand l'Angleterre a besoin de tout le monde. Aussi, dans les cabinets de l'Europe, c'est plutôt l'Angleterre qui inquiète, c'est plutôt la France qui domine. Sa capitale, enfoncée dans les terres, n'a point eu, comme les villes maritimes, l'affluence des peuples ; mais elle a mieux senti et mieux rendu l'influence de son propre génie, le goût de son terroir, l'esprit de son gouvernement. Elle a attiré par ses charmes, plus que par ses richesses ; elle n'a pas eu le mélange, mais le choix des nations ; les gens d'esprit y ont abondé, et son empire a été celui du goût. Les opinions exagérées du Nord et du Midi viennent y prendre une teinte qui plaît à tous [1]. Il faut donc que la France craigne de détourner, par la guerre, l'heureux penchant de tous les peuples pour elle : quand on règne par l'opinion, a-t-on besoin d'un autre empire ?...

... La différence de peuple à peuple n'est pas moins forte d'homme à homme. L'Anglais, sec et taciturne joint, à l'embarras et à la timidité de l'homme du Nord, une impatience, un dégoût de toute chose, qui va souvent jusqu'à celui de la vie – le Français a une saillie de gaieté qui ne l'abandonne pas ; et à quelque régime que leurs gouvernements les aient mis l'un et l'autre, ils n'ont jamais perdu cette première empreinte. Le Français cherche le côté plaisant de ce monde, l'Anglais semble toujours assister à un drame : de sorte que ce qu'on a dit du Spartiate et de l'Athénien se prend ici à la lettre ; on ne gagne pas plus à ennuyer un Français qu'à divertir un Anglais. Celui-ci voyage pour voir, le Français pour être vu. On n'allait pas beaucoup à Lacédémone, si ce n'est pour étudier son gouvernement ; mais le Français, visité par toutes les nations, peut se croire dispensé de voyager chez elles,

---

France (dans le *Bulletin de l'union pour l'action morale*, 15 avril 1898).
1 (1) André CHÉNIER commence ainsi la description de la France qu'on appelle *Hymne à la Justice* :

> France, ô belle contrée, ô terre généreuse
> Que les dieux complaisants formaient pour être heureuse,
> Tu ne sens point du nord les glaçantes horreurs,
> Le midi de ses feux t'épargne les fureurs...

RIVAROL

comme d'apprendre leurs langues, puisqu'il retrouve partout la sienne. En Angleterre, les hommes vivent beaucoup entre eux ; aussi les femmes, qui n'ont pas quitté le tribunal domestique, ne peuvent entrer dans le tableau de la nation : mais on ne peindrait les Français que de profil, si on faisait le tableau sans elles [1] ; c'est de leurs vices et des nôtres, de la politesse des hommes et de la coquetterie des femmes, qu'est née cette galanterie des deux sexes qui les corrompt tour à tour, et qui donne à la corruption même des formes si brillantes et si aimables. Sans avoir la subtilité qu'on reproche aux peuples du Midi, et l'excessive simplicité du Nord, la France a la politesse et la grâce : et non seulement elle a la grâce et la politesse, mais c'est elle qui en fournit les modèles dans les mœurs, dans les manières et dans les parures.

Mme de STAËL

Germaine Necker, plus tard baronne de Staël, apprit dans le salon de son père, le ministre de Louis XVI, et dans les livres de ses maîtres, les philosophes du dix-huitième siècle, à se passionner pour les questions sociales et la recherche philosophique. C'est à ce point de vue qu'elle se plaçait, quand, en 1802, elle étudiait, dans son grand ouvrage, la Littérature considérée dans ses rapports avec les institutions sociales. Après avoir montré l'influence de l'état social et du régime politique sur les lettres, elle essayait, dans la seconde partie de son livre, de donner la formule de la future littérature française.

Exilée par Napoléon Ier pour ses tendances trop libérales, elle se trouva réduite à s'expatrier. Son cosmopolitisme naturel, déjà accru par son mariage avec un Suédois, ses

---

1 L'influence des femmes, sur notre littérature et le tour de l'esprit français, a été souvent signalée par les historiens et critiques littéraires. V. en particulier Renan, article sur l'Académie française (dans *Essais de morale et de critique*, p. 344), à propos de l'influence que les femmes ont pu exercer sur les élections académiques : « Les femmes ont eu une part dans la formation de l'esprit français ; il faut leur laisser le droit de travailler dans la forme qui leur appartient à l'amélioration du goût et des mœurs. »

Célestin Bouglé

parentés étrangères et de nombreux voyages, en fut encore exalté. Admiratrice enthousiaste de la Révolution, romantique de sentiments, elle devait se sentir particulièrement attirée par une Allemagne opprimée, aspirant à l'indépendance et « idéaliste ». Cette conception de l'Allemagne, exprimée dans le livre qu'elle publia en 1810, a longtemps régné sur notre littérature.

4

Grâce, goût et gaîté [1]

«… Examinons quels avantages d'ambition on trouvait en France à se distinguer par le charme de la grâce et de la gaîté, et nous saurons pourquoi ce pays offrait de l'une et de l'autre tant de parfaits modèles... »

Après avoir passé en revue les pays étrangers et énuméré les raisons qui rendaient leurs gouvernements insensibles à ces agréments, Mme de Staël écrit :

« Ce n'était donc qu'en France où, l'autorité des rois s'étant consolidée par le consentement tacite de la noblesse, le monarque avait un pouvoir sans bornes par le fait, et néanmoins incertain par le droit. Cette situation l'obligeait à ménager ses courtisans mêmes, comme faisant partie de ce corps de vainqueurs, qui tout à la fois lui cédait et lui garantissait la France, leur conquête [2].

« La délicatesse du point d'honneur, l'un des prestiges de l'ordre privilégié, obligeait les nobles à décorer la soumission la plus dévouée des formes de la liberté. Il fallait qu'ils conservassent dans leurs rapports avec leur maître une sorte d'esprit, de chevalerie, qu'ils écrivissent sur leur bouclier : « Pour ma dame et pour mon roi », afin de se donner l'air de choisir le joug qu'ils por-

---

1 Extr. de la Littérature considérée dans ses rapports avec les institutions sociales.
          Le titre entier du chapitre est :
          « Pourquoi la nation française était-elle la nation de l'Europe qui avait le plus de grâce, de goût et de gaieté ? »
2 Les nobles ont longtemps été considérés en France comme les descendants des Francs : et c'est par une sorte de droit de conquête qu'on s'efforçait, souvent, de justifier leurs privilèges.
V. Augustin THIERRY, Récits des temps mérovingiens, t. I.

Mme de STAËL

taient ; et mêlant ainsi l'honneur avec la servitude, ils essayaient de se courber sans s'avilir. La grâce était, pour ainsi dire, dans leur situation, une politique nécessaire ; elle seule pouvait donner quelque chose de volontaire à l'obéissance...

« ... Lorsque le gouvernement est assez modéré pour qu'on n'ait rien de cruel à en redouter, assez arbitraire pour que toutes les jouissances du pouvoir et de la fortune dépendent uniquement de sa faveur, tous ceux qui y prétendent doivent avoir assez de calme dans l'esprit pour être aimables, assez d'habileté pour faire servir ce charme frivole [1] à des succès importants. Les hommes de la première classe de la société en France aspiraient souvent au pouvoir, mais ils ne couraient dans cette carrière aucun hasard dangereux ; ils jouaient sans jamais risquer de beaucoup perdre : l'incertitude ne roulait que sur la mesure du gain ; l'espoir seul animait donc les efforts : de grands périls ajoutent à l'énergie de l'âme et de la pensée, la sécurité donne à l'esprit tout le charme de l'aisance et de la facilité.

« La gaieté piquante, plus encore même que la grâce polie, effaçait toutes les distances sans en détruire aucune ; elle faisait rêver l'égalité aux grands avec les rois, aux poètes avec les nobles, et donnait même à l'homme d'un rang supérieur un sentiment plus raffiné de ses avantages ; un instant d'oubli les lui faisait retrouver ensuite avec un nouveau plaisir ; et la plus grande perfection du goût et de la gaieté devait naître de ce désir de plaire universel.

« La recherche dans les idées et les sentiments, qui vint d'Italie gâter le goût de toutes les nations de l'Europe, nuisit d'abord à la grâce française ; mais l'esprit, en s'éclairant, revint nécessairement

---

1 Mme de Staël rattache la « frivolité » française à la structure de l'ancien régime. C'est peut-être parce qu'ils ont conscience de cette liaison que tant d'hommes de la Révolution détestent l'esprit de frivolité et louent Rousseau de l'avoir chassé de France. Voir la pétition des citoyens et hommes de lettres apportée à l'Assemblée nationale en août 1791. (*Réimpression de l'ancien Moniteur*, 1791, t. IX, p. 523.)

Après avoir démontré que Rousseau, parce qu'il a « établi ce système » d'égalité des droits entre les hommes et la souveraineté du peuple, est le premier fondateur de la constitution française, ils ajoutent :

« Il ne l'est pas seulement à ces cieux titres, il l'est encore par la force, la rectitude et l'élévation d'idées qu'il a communiquées à notre nation, émancipée en quelque sorte par ses ouvrages de cette futilité, de cette *frivolité* misérables qui, aux yeux des nations sensées de l'Europe, la condamnaient exclusivement aux *grâces*. »

Célestin Bouglé

à la simplicité. Chaulieu, La Fontaine, Mme de Sévigné, furent les écrivains les plus naturels, et se montrèrent doués d'une grâce inimitable. Les Italiens et les Espagnols étaient inspirés par le désir de plaire aux femmes, et cependant ils étaient loin d'égaler les Français dans l'art délicat de la louange. La flatterie qui sert à l'ambition exige beaucoup plus d'esprit et d'art que celle qui ne s'adresse qu'aux femmes ; ce sont toutes les passions des hommes et tous leurs genres de vanité qu'il faut savoir ménager, lorsque la combinaison du gouvernement et des mœurs est telle, que les succès des hommes entre eux dépendent de leur talent mutuel de se plaire, et que ce talent est le seul moyen d'obtenir les places éminentes du pouvoir [1].

« Non seulement la grâce et le goût servaient en France aux intérêts les plus grands, mais l'une et l'autre préservaient du malheur le plus redouté, le ridicule. Le ridicule est, à beaucoup d'égards, une puissance aristocratique : plus il y a de rangs dans la société, plus il existe de rapports convenus entre ces rangs, et plus l'on est obligé de les connaître et de les respecter. Il s'établit dans les premières classes de certains usages, de certaines règles de politesse et d'élégance, qui servent, pour ainsi dire, de signe de ralliement, et dont l'ignorance trahirait des habitudes et des sociétés différentes. Les hommes qui composent ces premières classes, disposant de toutes les faveurs de l'État, exercent nécessairement un grand empire sur l'opinion publique ; car, à l'exception de quelques circonstances très rares, la puissance est de bon goût, le crédit a de la grâce, et les heureux sont aimés.

« La classe qui dominait en France sur la nation était exercée à saisir les nuances les plus fines, et comme le ridicule les frappait, avant tout, ce qu'il fallait éviter avant tout, c'était le ridicule. Cette crainte mettait souvent obstacle à l'originalité du talent ; peut-être même pouvait-elle nuire, dans la carrière politique, à l'énergie des actions ; mais elle développait dans l'esprit des Français un genre de perspicacité singulièrement remarquable. Leurs écrivains connaissaient mieux les caractères, les peignaient mieux qu'aucune autre nation. Obligés d'étudier sans cesse ce qui pouvait nuire ou plaire en société, cet intérêt les rendait très observateurs.

---

1 Tout ce passage ne peut être mieux commenté que par la lecture des chapitres des *Caractères* de LA BRUYÈRE sur *la cour* et *les Grands*.

Mme de STAËL

Molière et même après lui quelques auteurs comiques, sont des hommes supérieurs, dans leur genre, à tous les écrivains des autres nations. Les Français n'approfondissent pas, comme les Anglais et les Allemands, les sentiments que le malheur fait éprouver ; ils ont trop l'habitude de s'en éloigner pour le bien connaître : mais les caractères dont on peut faire sortir des effets compliqués, les hommes séduits par la vanité, trompés par amour-propre, ou trompeurs par orgueil, cette foule d'êtres asservis à l'opinion des autres, et ne respirant que par elle, aucun peuple de la terre n'a jamais su les peindre comme les Français.

« La gaieté ramène à des idées naturelles, et quoique le bon ton de la société de France fût entièrement fondé sur des relations factices, c'est à la gaieté de cette société même qu'il faut attribuer ce qu'on avait conservé de vérité dans les idées et dans la manière de les exprimer. »

5
L'esprit de conversation [1]

Les bons mots des Français ont été cités d'un bout de l'Europe à l'autre ; de tout temps ils ont montré leur brillante valeur, et soulagé leurs chagrins d'une façon vive et piquante ; de tout temps ils ont eu besoin les uns des autres, comme d'auditeurs alternatifs qui s'encourageaient mutuellement ; de tout temps ils ont excellé dans l'art de ce qu'il faut dire, et même de ce qu'il faut taire, quand un grand intérêt l'emporte sur leur vivacité naturelle ; de tout temps ils ont eu le talent de vivre vite, d'abréger les longs discours, de faire place aux successeurs avides de parler à leur tour ; de tout temps, enfin, ils ont su ne prendre du sentiment et de la pensée que ce qu'il en faut pour animer l'entretien, sans lasser le frivole intérêt qu'on a d'ordinaire les uns pour les autres.

Les Français parlent toujours légèrement de leurs malheurs, dans la crainte d'ennuyer leurs amis ; ils devinent la fatigue qu'ils pourrait causer, par celle dont ils seraient susceptibles : ils se hâtent de montrer élégamment de l'insouciance pour leur propre sort, afin d'en avoir l'honneur au lieu d'en recevoir l'exemple. Le désir

---

1 Extr. de *De l'Allemagne*, 1ʳᵉ partie, chap. XI : « De l'esprit de conversation. »

Célestin Bouglé

de paraître aimable conseille de prendre une expression de gaieté, quelle que soit la disposition intérieure de l'âme ; la physionomie influe par degrés sur ce qu'on éprouve, et ce qu'on fait pour plaire aux autres émousse bientôt en soi-même ce qu'on ressent.

Victor Considérant

Victor Considérant (1808-1893) est le type de ces Polytechniciens comme il y en eut beaucoup dans la première moitié du XIXe siècle, qui se passionnèrent pour les questions sociales. Mais, à la doctrine de Saint-Simon, qui retint la plupart d'entre eux, il préfère celle de son compatriote Fourier, qui rêvait de faire disparaître le double fléau du parasitisme commercial et de l'incohérence industrielle en instituant des phalanstères, où toutes les vocations seraient respectées et tous les goûts satisfaits.

Considérant devient le principal interprète de la doctrine (Destinée sociale, 1834-1836) et le chef de l'école dont il dirige les journaux (le Phalanstère, 1832-1833 la Phalange, 1836-1840).

À partir de 1840, il s'efforce de mettre l'école à même de jouer son rôle jusque dans la politique, dont elle se tenait écartée. Dans la Démocratie pacifique, il préconise une politique qui, organisant la paix à l'extérieur, travaille à la solution de la question sociale, non par la suppression de la propriété, mais par l'association du travail, du capital et du talent.

Élu député en 1848, puis exilé après le coup d'État, il essaie de faire vivre une colonie sociétaire au Texas (1849-1869).

À son retour, il vit dans la retraite à Paris jusqu'en 1893.

6
Le français « militaire » et « sociable » [1]

1 Extr. d'un livre intitulé *De la politique générale et du rôle de la France en Europe*, suivi d'une *Appréciation de la marche du gouvernement depuis juillet* 1830, publié en 1840.
Il y démontre (p. 10), – continuant à sa façon la tradition de Sully, de l'abbé de

Victor Considérant

L'esprit de Domination et de Conquête n'est plus l'esprit de la France. La France veut la Liberté, le Développement et la Fraternité des Peuples, elle ne veut pas leur Oppression ; ceux même de ses enfants qui se sont rangés sous le drapeau de la Guerre, ne veulent la Guerre que parce qu'ils croient que c'est *avec son épée* que la France doit fonder la Fédération des Nations et appeler tous les Peuples à l'unité.

Si le Français est le peuple le plus *militaire* de l'Europe il en est en même temps le plus *sociable*, et il n'y a pas de contradiction dans ces qualités ; loin de là. Ce n'est pas, en effet, un stupide amour pour la destruction et le carnage, ce ne sont point non plus des passions égoïstes ou ambitieuses qui font la puissance et la beauté du Français sur les champs de bataille ; non, sa valeur militaire vient directement de la richesse et de la noblesse de son caractère, de son amour pour le Mouvement, pour la Gloire, pour les Grandes choses, de sa capacité pour l'Honneur et pour l'Enthousiasme, de son Esprit de Corps, de la disposition naturelle de l'individu à prendre le Ton de la Masse, de la facilité chevaleresque avec laquelle il se plaît à s'exposer au danger devant la Masse, enfin du plaisir tout-puissant et passionné qu'il éprouve à se dévouer pour elle. Toutes ces qualités sont sociales, éminemment sociales, et ce sont elles qui font du Français le peuple, non pas le plus brave (presque toutes les armées de l'Europe sont également braves), non pas le plus froid dans le danger, non pas le plus sûr dans les revers ; mais le plus actif, le plus intrépide, le plus gai, le plus audacieux, le plus passionné et par conséquent le plus brillant sur les champs de bataille ; le peuple enfin qui, toutes conditions égales, bat naturellement les autres et est assuré de les battre quand il est bien conduit.

Non ! aucune Nation ne peut être comparée à la Nation française pour la sociabilité, pour le cosmopolitisme, pour la générosité politique, pour la libéralité envers les autres Peuples, pour la facilité à se lier avec eux, et pour ce Besoin de Justice et d'Humanité qui la presse de s'élancer au secours du faible, de l'opprimé, de toute

Saint-Pierre, et de Saint-Simon, – que « la France doit prendre pour but d'activité *l'établissement de l'unité des nations, non dans une simple vue d'ambition, mais dans une haute vue de Bien général et d'humanité*, et qu'elle doit marcher à la réalisation de ce But, non pas *en subjuguant les nations*, mais *en organisant leur Association* ». (C'est Considérant qui souligne et met des majuscules.)

Célestin Bouglé

Nation qui lutte pour sa Nationalité, pour sa Liberté...

En vérité ! chez quel Peuple de la terre a-t-on déjà vu que la plus grande difficulté du Gouvernement ait été de lutter contre l'expansion d'un sentiment semblable [1] ? Peut-on citer quelque part sur le globe un Gouvernement qui ait accumulé sur sa tête les plus violentes haines et qui ait failli dix fois périr violemment pour s'être opposé à ce que la Nation allât prodiguer ses ressources, son argent, son sang sur les champs de bataille, et affrontât les chances terribles d'une guerre gigantesque ? et ce sang, et ces chances, et ces guerres, non pas dans un but de domination et de Conquête, mais dans le but de voler au secours des Peuples qui combattaient pour leur indépendance, et de favoriser chez tous les autres les instincts de la Liberté ? Non, non. Les autres Peuples ont des qualités, des qualités précieuses, des qualités solides, ils ont des qualités que nous n'avons pas. Tous sont essentiellement *bons* dans l'Humanité et pour l'Humanité ; mais le Français seul fait par Caractère, par ardent Dévouement, par *Passion* ardente, ce qu'aucun autre n'a encore fait comme nation, et ce que les autres ne pratiquent *comme individus* que par bienveillance ou par devoir.

Et c'est pour cela que la France, – malgré sa turbulence, malgré les extravagances de ses partis, malgré la folle présomption qui s'y est développée dans les ambitions individuelles, malgré l'esprit d'insubordination, de dénigrement, de tracasserie, de jalousie, de haine, que lui ont inoculé ses détestables luttes intestines et qui dégradent, il faut avoir le patriotique et religieux courage de le dire très haut, la noblesse native de son caractère ; – c'est pour cela que la France, malgré ses travers actuels, est toujours la Grande Nation, la Nation initiatrice, et que les Nations ses sœurs la voient irrésistiblement briller au milieu d'elles comme l'Étoile de l'Espérance, comme l'Étoile de l'Avenir et de l'Humanité.

Et c'est pour cela que la Politique de l'humanité est certainement la vraie Politique Nationale de la France.

---

1 Allusion aux efforts que le « Parti du Mouvement » avait multipliés pour entraîner le gouvernement de Louis-Philippe à intervenir en faveur de l'indépendance des nationalités. (V. l'*Appréciation de la marche du gouvernement depuis* 1830,)

Victor Considérant

MICHELET

Jules Michelet (1798-1864) a consacré la plus grande partie de son labeur à l'histoire de la France (Histoire de France, 28 vol. ; Moyen âge, 1833-1843, 6 vol. in-8° ; Révolution, 1847-1853, 7 vol, in-8° ; Renaissance et temps modernes, 1855-1867, 11 vol. in-8°).

« Conçue d'un moment, de l'éclair de juillet », pendant la Révolution de 1830, cette œuvre veut faire revivre « l'âme, la personne de la France ». Et la France, aux yeux de l'historien qui reste plébéien, est avant tout amour de la liberté et de l'humanité. C'est pourquoi la France peut et doit « s'enseigner elle-même » dans l'école. (V. le Peuple, p. 317.)

Une conférence consacrée à Michelet par Ch.-V. Langlois est reproduite dans le livre intitulé : Questions d'histoire et d'enseignement (Hachette, 1906), qui contient aussi un chapitre sur la Tradition de la France.

7
Les deux « personnes » de la France [1]

… Il est certain que la France a par moments un grand vol, qui la porte si haut, si haut que la chute est infaillible. Elle marque le but très loin, sans pouvoir indiquer encore la voie, les moyens d'arriver. Elle retombe et se décourage. « *Quaesivit caelo lucem, ingemuitque reperla.* » Le monde alors crie contre elle. L'imprudente est accablée.

L'éclair de 89, la formule législative de tout ce qu'un grand siècle avait rêvé de liberté, semble disparaître un moment dans la guerre immense que l'Europe nous fait elle-même. Le bel éclair de Février, le Suffrage universel, l'effort de justice absolue où cette pauvre France appelle généreusement tous [les ignorants [2], les barbares [3]]

1 Extr. de *la France devant l'Europe*, 1871.
2 *Les ignorants* : beaucoup de républicains, en 1848, avaient été comme surpris par le succès de la révolution et effrayés de voir donner le droit de suffrage à Un peuple encore insuffisamment instruit. D'où le plan de campagne de Jean Macé, entre autres, plan qui devait aboutir à la création de la *Ligue de l'Enseignement*.
3 *Les barbares*. Michelet lui-même usa souvent de cette expression pour désigner la masse inculte. Mais, dans le livre consacré au *Peuple*, il vante les forces de régénération cachées dans les « instincts sublimes » de ces barbares, et avertit

Célestin Bouglé

à régler ses destinées, il semble la perdre à jamais. Le monde rit. Et cependant cette idée subsiste si bien, que nos envieux, nos ennemis sont forcés de l'invoquer. La Prusse n'a pu capter la crédule Allemagne qu'en la leurrant d'une image (creuse et vide) de ce nouveau droit, de cet idéal certain des Sociétés de l'avenir.

Félicitons ceux qui n'ont pas ces élans précoces et sublimes, ces reculs et ces rechutes. Leur médiocrité égale, souvent plate, souvent asservie aux absurdités du passé, semble bien plus conséquente, et comme telle, elle impose à tous, inspire estime et respect. Ils couvrent leurs disparates d'une digne attitude, de gravité extérieure [1]. Qu'ils nous permettent de leur dire : si vous semblez plus conséquents, c'est que souvent l'étant moins, vous n'avez pas, comme la France, les embarras que donne la recherche, l'exigence de la justice absolue.

Une chose fait marcher la France d'un pas souvent difficile. Elle est (comme tout être vraiment organique) double de deux parties diverses, qui se balancent, parfois se contredisent.

Elle est une en deux personnes : le paysan, l'ouvrier.

Nul doute que si l'une ou l'autre classe, par une révolution, disparaissait, la France aurait plus d'unité, semblerait plus d'accord avec elle-même. Le monde lui dit souvent : « Regarde la sage Angleterre. Comme elle est plus conséquente ! L'ouvrier a prévalu, et la roue de Manchester emporte tout. Le paysan a péri. Deux millions d'ouvriers (nullement paysans) qui cultivent la terre ne pèsent rien dans la balance contre un peuple tout industriel (d'environ quinze ou vingt millions). »

Dieu nous garde de cette unité ! Nous avons vingt-six millions de paysans, et dix millions d'ouvriers. Ces deux éléments sans doute donnent plus de besogne à la France. Mais quelle force d'avoir gardé cette ancienne France rurale, dans laquelle quatre millions de familles (vingt millions d'individus) participent à la propriété [2] ! Stabilité du paysan, mouvement, progrès de l'ouvrier,

qu'ils sont peut-être « les voyageurs en marche vers la Rome de l'avenir ». On aimait, d'ailleurs, à distinguer alors entre le barbare et l'esclave. Voir QUINET : *le Livre de l'exilé*, chap. XV :

« Le barbare : Liberté, horreur de la servitude...

« L'esclave : Vanité, égalité dans la servitude... »

1 llusion à l'idée qu'on se faisait volontiers du tempérament anglais.

2 M. G. Lanson disait encore en 1911, dans une conférence de l'Alliance française

MICHELET

cela fait un balancement qui par moment a ses secousses. Mais l'impatience de l'un est retenue par un câble, une ancre, l'homme de la terre qui n'est que trop immobile. La France n'émigre pas, comme l'Angleterre, l'Allemagne. Toute la question sociale se plaide ici sur place, s'éclaire par des expériences qui ne sont pas toujours heureuses pour nous, mais instructives pour tout le monde. Il profite à les regarder. Il les blâme et les imite.

8
L'unité française [1]

... Je suis stupéfait de voir à quel point on ignore la France.

Qu'on ignore, qu'on méconnaisse sa faculté spéciale, certaine électricité qui par moments fait sa grâce, dans d'autres ses explosions, ses retours inattendus qui feraient sauter le monde ; – qu'on l'ignore, je le comprends. Les plus illustres génies dans l'étranger n'ont pas pu eux-mêmes s'en faire la notion.

Mais ce qui est de simple fait, ce qu'on peut lire en cinq cents livres d'histoire, de droit, de statistique, jusque dans les almanachs, comment donc l'ignorez-vous, savante (si savante !) Allemagne [2] ?

Consultez les naturalistes, consultez la physiologie. Tâchez d'apprendre une fois ce que c'est que l'unité organique. Un seul peuple l'a, – la France.

C'est le peuple le moins démembrable, celui où la circulation étant rapide et parfaite, un membre ne peut se séparer.

Tout ce que vous n'avez pas, sous ce rapport, nous l'avons. *L'identité de la loi*, de la Flandre aux Pyrénées, s'est faite (nullement à l'époque récente qui la décréta), mais depuis des

---

de New-York :
« Nous sommes une nation de paysans, de paysans attachés au sol, dévoués à leur travail, entraînés à l'économie. »
V. *France of To-day*, dans *The North American Review*, avril 1912, p. 460.
1 Extr. de *la France devant l'Europe*.
2 *Savante Allemagne*. Michelet lui-même est l'un de ceux qui ont le plus contribué à répandre en France une haute idée de la culture allemande. On vantait volontiers la capacité d'érudition des Allemands après avoir vanté leurs facultés philosophiques. V. ce que dit Renan (*Discours et Conférences*, p. 119) sur « la grande école allemande de science et de critique ».

Célestin Bouglé

siècles, par le travail insensible, tout-puissant, de la jurisprudence. *L'unité administrative*, la machine de Colbert, copiée de tant de nations souvent si maladroitement, chez nous n'a été que trop forte, faussée parfois, mais elle est une garantie essentielle de la personnalité nationale qu'on ne changera pas aisément. *L'unité de circulation* s'est accomplie justement dans ces vingt dernières années, non par les seuls chemins de fer, mais par les routes, surtout par des milliers de sentiers tout nouveaux. La vie, le sang du Languedoc, de la Provence, en un moment coule en Alsace.

Couper là-dedans, grand Dieu ! Ce sont des veines et des artères. Couper, c'est tuer le tout.

Une chose extrêmement antique, et très propre à ce pays-ci, c'est la perfection singulière avec laquelle la *fusion des races* s'y est accomplie, l'échange et le mariage des diverses populations. Que vous êtes loin de cela ! Combien de siècles faudra-t-il pour changer l'unité fictive qu'on vous a bâclée ces jours-ci en une réelle union [1] ? Dites-moi quand le Prussien sera aimé du Bavarois ? Je vous répondrai : « Jamais. »

Les forts souvenirs du passé, la grande tradition commune, les *fraternités militaires*, ont fort resserré nos liens. Tous les pères ont combattu, souffert, souvent péri ensemble. L'âme commune est dans leurs fils.

Une chose très singulière, qui montre comme en tout cela dans l'unité matérielle s'infiltre l'unité morale, c'est que des provinces qu'on croirait de races différentes et qui parlent des dialectes non français, sont justement plus françaises que le reste. La Bretagne, avec sa langue à part, n'en est pas moins le roc, le primitif silex sur lequel est bâtie la France. La Lorraine en Jeanne d'Arc fut son épée, et bien d'autres de nos terribles soldats (celui qui couvrit de son corps la retraite de Moscou) [2]. C'est notre vaillante Alsace, héros de travail et de guerre, c'est Strasbourg, nous l'avons dit, qui a inspiré le chant où est l'âme vraie de la France, généreuse, pacifique et clémente en pleins combats.

---

1 Allusion à la constitution de l'empire allemand en 1871. Le roi de Prusse fut couronné empereur à Versailles. C'est en Bavière que les protestations furent les plus nombreuses et les plus véhémentes.
2 Le maréchal Ney (1769-1815), qui devait être fait prince de la Moskowa, était fils d'un tonnelier de Sarrebourg.

MICHELET

Voilà notre forte unité.

E. QUINET

Frère intellectuel de Michelet, avec qui il écrit un livre contre les Jésuites (1843), Edgar Quinet (1803-1875) donne au Collège de France, entre 1841 et 1848 un enseignement d'histoire plein de passion nationale et libérale à la fois, qui devait exercer la plus profonde action sur la jeunesse française.

Après 1852, il est, l'un des grands exilés volontaires qui continuent de protester contre le coup d'État.

Persuadé que l'ultramontanisme, collaborateur de l'absolutisme, engendre la décadence politique et est même contraire à la véritable vie de l'âme, Quinet est de ceux qui souhaitent que la France se libère du joug « théocratique », mais en retrouvant et en rénovant le sentiment religieux. (V. Génie des religions, le Christianisme et la Révolution, la Révolution religieuse au XIXe siècle.)

Il veut aussi que la France, médiatrice naturelle par sa position et son génie, travaille au rapprochement des peuples, mais sans chercher à effacer le sentiment de nationalité, qui lui paraît aller de pair avec l'amour de la liberté. (V. Unité morale des peuples modernes ; Allemagne et Italie ; l'Enseignement du peuple.)

9
La nation au service de l'humanité [1]

Quelquefois, dans nos théories, je vois pâlir la France, la Patrie, au profit du genre humain. Ne vous abandonnez pas à cette pente. Si l'on cherchait l'origine de cette pensée, on verrait qu'elle est liée, sous la Restauration, dans la nuit de l'invasion, lorsque la France avait perdu la conscience d'elle-même [2]. Ce système de renoncement à

---

1 Extr. du livre intitulé *le Christianisme et la Révolution*, p. 272 du t. III des oeuvres complètes.
2 La nécessité de réviser les traités de 1815, considérés comme une honte infligée

Célestin Bouglé

la nationalité est né dans le tombeau d'un peuple. Mais le mort est ressuscité ; la France a retrouvé le sentiment d'elle-même ; laissons donc là les pensées du sépulcre. D'ailleurs ne sentez-vous pas que cette terre que vous foulez est nécessaire au monde ? M. de Maistre dit que la France est investie d'une véritable magistrature dans l'univers [1] ; quand ses ennemis parlent ainsi, sont-ce ses enfants qui soutiendront le contraire ? Les aveugles ne verront-ils pas que la magistrature continue avec la nécessité de la fonction ? que le peuple quia fait la Révolution est nécessaire pour la diriger, pour l'expliquer et la développer... Qui dira au monde le sens, la conséquence, l'esprit de cette ère nouvelle, si ce n'est le peuple qui l'a créée ou inaugurée ? Ne faut-il pas que l'ouvrier subsiste, pour surveiller ou réparer son ouvrage ? Et d'ailleurs où est la puissance, où est la nation qui, à la place de la France, se charge de prendre la magistrature et les dangers qui y sont attachés ? Où est le peuple qui a posé avec plus d'éclat les difficultés nouvelles de la bourgeoisie et du prolétariat [2], lesquelles enferment dans leurs flancs un monde inconnu ? Il ne faut que passer la frontière pour en apprendre beaucoup à ce sujet. Partout vous entendez les nations tranquilles, assises à leurs foyers, répéter que la France cherche des périls volontaires, qu'elle ne peut se reposer, qu'elle se travaille pour un bien auquel elle n'arrive pas, qu'elle se consume au lieu de jouir. Oui, en effet, elle se consume ; et c'est pour la gloire du monde, pour les autres autant que pour elle-même, pour un idéal non encore atteint et d'humanité et de civilisation.

à la France en même temps qu'au principe des nationalités, est l'un des thèmes préférés des penseurs républicains.

Quinet dira de lui-même (*Histoire de mes Idées*, p. 270) : « Si une parole doit marquer après ma mort la place de mes os, ce sera pour avoir senti que depuis les stigmates de 1814 et de 1815, la France, gorgée d'opprobre, est tombée en servage, que l'invasion continue, que son œuvre cessera quand cesseront les traités imposés, c'est-à-dire le droit de la violence. »

1 C'est dans *les Considérations sur la France* que de Maistre lance cette fameuse formule. Il explique la résistance surprenante que les armées de la Révolution opposent à leurs ennemis par un dessein de la Providence : celle-ci veut conserver la France pour une restauration qui serve de leçon au monde.

2 Allusion aux doctrines socialistes, – fouriériste, cabitiste, proudhonienne, – qui attirèrent l'attention sur la question sociale avant qu'elle fût posée de façon brutale par la Révolution de 48.

E. QUINET

H. TAINE

Psychologue, historien, critique littéraire, H. Taine (1828-1893), dans son Histoire de la littérature anglaise comme dans sa Philosophie de l'art, dans son étude sur l'Intelligence comme dans ses Origines de la France contemporaine, reste un naturaliste : il veut réintégrer l'homme dans la nature et étendre l'explication scientifique au règne social lui-même. Il s'efforce de distinguer, dans l'histoire, la part de la race, celle du milieu, celle du moment.

Il s'est plus d'une fois essayé à définir les tendances de l'esprit français. Et il lui arrivera de dénoncer comme un danger le rationalisme classique, où il voit l'une des sources de la révolution. À la tradition « latine », il semble préférer le tempérament « gaulois », ne manquant pas d'ailleurs d'indiquer ce que doit notre littérature, non pas seulement aux instincts de la race, mais à la structure même de la société française.

10
Le rire gaulois [1]

Il [2] veut rire ; c'est là son état préféré, le but et l'emploi de sa vie. Surtout il veut rire aux dépens d'autrui. Le petit vers des fabliaux trotte et sautille comme un écolier en liberté, à travers toutes les choses respectées ou respectables, daubant sur les femmes, l'Église, les grands, les moines. Gabeurs, gausseurs, nos pères ont en abondance le mot et la chose. Et la chose leur est si naturelle, que sans culture et parmi des mœurs brutales ils sont aussi fins dans la raillerie que les plus déliés. Ils effleurent les ridicules, ils se moquent sans éclat et comme innocemment ; leur style est si uni, qu'au premier aspect on s'y méprend, on n'y voit pas de malice. On les croit naïfs, ils ont l'air de n'y point toucher. Un mot glissé montre seul le sourire imperceptible.

---

1 Extr. de *La Fontaine et ses fables*, édition de 1875 ; pp. 14 à 16. Le texte de 1853 avait été refondu en 1860.
2 C'est de l'homme de France que Taine est en train d'esquisser le portrait à propos des fabliaux.

Célestin Bouglé

Le besoin de rire est le trait national, si particulier que les étrangers n'y entendent mot, et s'en scandalisent. Ce plaisir ne ressemble en rien à la joie physique, qui est méprisable parce qu'elle est grossière ; au contraire, il aiguise l'intelligence et fait découvrir mainte idée fine ou scabreuse ; les fabliaux sont remplis de vérités sur l'homme et encore plus sur la femme, sur les basses conditions et encore plus sur les hautes ; c'est une manière de philosopher à la dérobée et hardiment, en dépit des conventions et contre les puissances. Ce goût n'a rien non plus de commun avec la franche satire, qui est laide parce qu'elle est cruelle ; au contraire, il provoque la bonne humeur ; on voit vite que le railleur n'est pas méchant, qu'il ne veut point blesser ; s'il pique, c'est comme une abeille sans venin : un instant après, il n'y pense plus ; au besoin il se prendra lui-même pour objet de plaisanterie ; tout son désir est d'entretenir en lui-même et en vous un pétillement d'idées agréables. Telle est cette race, la plus attique des modernes, moins poétique que l'ancienne, mais aussi fine, d'un esprit exquis plutôt que grand, douée plutôt de goût que de génie, sensuelle mais sans grossièreté ni fougue, point morale mais sociable et douce, point réfléchie mais capable d'atteindre les idées, toutes les idées, et les plus hautes, à travers le badinage et la gaieté.

11
L'esprit de société [1]

Par instinct, le Français aime à se trouver en compagnie, et la raison en est qu'il fait bien et sans peine toutes les actions que comporte la société. Il n'a pas la mauvaise honte qui gêne ses voisins du Nord, ni les passions fortes qui absorbent ses voisins du Midi. Il n'a pas d'effort à faire pour causer, point de timidité naturelle à contraindre, point de préoccupation habituelle à surmonter. Il cause donc, à l'aise et dispos, et il éprouve du plaisir à causer. Car ce qu'il lui faut, c'est un bonheur d'espèce particulière, fin, léger, rapide, incessamment renouvelé et varié, où son intelligence, son amour-propre, toutes ses vives et sympathiques facultés trouvent leur pâture ; et cette qualité de bonheur, il n'y a que le monde et la conversation pour la fournir. Sensible comme il est, les égards,

1 Extr. des *Origines de la France contemporaine, l'Ancien régime* I, pp. 159-160.

H. TAINE

les ménagements, les empressements, la délicate flatterie sont l'air natal hors duquel il respire avec peine. Il souffrirait d'être impoli presque autant que de rencontrer l'impolitesse. Pour ses instincts de bienveillance et de vanité, il y a de charmantes douceurs dans l'habitude d'être aimable, d'autant plus qu'elle est contagieuse. Quand nous plaisons, on veut nous plaire, et ce que nous donnons en prévenances, on nous le rend en attentions. En pareille compagnie, on peut causer ; car causer, c'est amuser autrui en s'amusant soi-même, et il n'y a pas de plus vif plaisir pour un Français [1]. Agile et sinueuse, la conversation est pour lui comme le vol pour un oiseau ; d'idées en idées, il voyage, alerte, excité par l'élan des autres, avec des bonds, des circuits, des retours imprévus, au plus bas, au plus haut, à rase terre ou sur les cimes, sans s'enfoncer dans les trous, ni s'empêtrer dans les broussailles, ni demander aux mille objets qu'il effleure autre chose que la diversité et la gaieté de leurs aspects.

E. RENAN

Historien des Langues sémitiques et du Peuple d'Israël, auteur de Dialogues et de Drames philosophiques, Renan unit à l'érudition le goût des idées générales, dont il joue avec un art supérieur. De son éducation première (né en 1823, et élevé dans la petite ville religieuse de Tréguier, il se destinait à l'état ecclésiastique et était entré au séminaire de Saint-Sulpice), il gardait comme l'habitude d'adorer les choses éternelles et de les louer en termes mystiques, mais en même temps, aimant à voiler ses émotions et ses pensées les plus profondes, craignant d'en être ou d'en paraître dupe, il semblait se plaire à sourire de ce qu'il venait d'adorer. De là un perpétuel ondoiement qui rend sa vraie pensée si difficile à saisir.

Renan est un de ceux qui, après 1870, – dans la Réforme Intellectuelle et morale, – insistent sur les dangers que peuvent

---

1 VOLNEY, *Tableau du climat et du sol des États-Unis d'Amérique.* Selon lui, le trait caractéristique du colon français comparé à ceux des autres nations, est le besoin de voisiner et de causer. (Note de Taine.)

*présenter en politique méthode rationaliste et tendances
démocratiques. Il n'en maintient pas moins, – comme Fustel
de Coulanges dans ses lettres à Mommsen, – que la cause de
la liberté et celle de la France sont indissolublement unies.*

12
La langue de la liberté [1]

La conservation, la propagation de la langue française importent
à l'ordre général de la civilisation.

Quelque chose d'essentiel manquerait au monde le jour où ce
grand flambeau, clair et pétillant, cesserait de briller. L'humanité
serait amoindrie, si ce merveilleux instrument de civilisation
venait à disparaître ou à s'amoindrir.

Que de choses éternellement bonnes et vraies, Mesdames et
Messieurs, ont été pour la première fois dites en français, ont été
frappées en français, ont fait leur apparition dans le monde en
français ! Que d'idées libérales et justes ont trouvé tout d'abord
en français leur formule, leur définition véritable ! Comme notre
langue a dit de belles et bonnes choses, depuis ses bégayements
du XIIe siècle jusqu'à nos jours ! L'abolition du servage, les droits
de l'homme, l'égalité, la liberté, ont été pour la première fois
proclamés en français. C'est en Angleterre, mais c'est en langue
française, qu'éclate, au XIIe siècle, ce premier appel à l'égalité, dans
la bouche du paysan :

Nous sommes hommes comme ils sont,

Tous membres avons comme ils ont,

Et tout aussi grand corps avons,

Et tout autant souffrir pouvons ;

Ne nous faut [2] fors cœur seulement.

---

1 Extr. d'une conférence faite à l'Alliance pour la propagation de la langue
française, le 2 février 1888, publiée dans les *Feuilles détachées*, faisant suite aux
Souvenirs d'enfance et de jeunesse.
2 Ne nous manque que... »

E. RENAN

C'est un peu brutal ; l'égalité l'est quelquefois. Mais voulez-vous une expression non moins fière de la liberté ? Voici comment s'exprime le roi de France en 1315. Cela fut écrit en latin, mais sûrement pensé en français : « Comme, selon le droit de nature, chacun doit naître franc…, nous, considérant que notre royaume est dit et nommé le royaume des Francs, et voulant que la chose concorde avec le nom, avons ordonné et ordonnons.... etc. » Ce beau préambule sert, à ce qu'il paraît, dans l'édit de 1315, de préface à des mesures fiscales ; mais n'importe, le principe était bon ; il ne faut pas se plaindre si les bons principes coûtent un peu cher.

Voici maintenant un évêque, conseiller intime de Charles V, qui, vers le milieu du XIVe siècle, prélude à 1789 : « Oncques la très noble séquelle [1] des rois de France n'apprit à tyranniser, et aussi le peuple gallican ne s'accoutume pas à sujétion servile, et pour ce, si la royale sequelle de France délinque [2] de sa première vertu, sans nul doute elle perdra son royaume, et sera translaté [3] en d'autres mains. »

C'est assez crâne, n'est-ce pas ? C'était un évêque de Lisieux qui parlait ainsi ; en d'autres temps, il aurait pu être évêque d'Autun [4] et célébrer, au Champ-de-Mars, la messe de la Liberté sur l'autel de la Patrie.

Je n'en finirais pas, Mesdames et Messieurs, si je voulais énumérer, siècle par siècle, toutes les phrases utiles à l'humanité qui sont écloses en notre chère langue. C'est une langue libérale, vraiment. Elle a été bonne pour le faible, pour le pauvre, ajoutons pour l'homme intelligent, pour l'homme d'esprit.

13
L'expérience française [5]

---

1 « Suite, succession. »
2 « Abandonner, laisser perdre. »
3 « Transféré. »
4 Talleyrand (1754-1838), qui devint prince de Bénévent, célébra la messe lors de la fête de la Fédération, le 14 juillet 1790.
5 Extr. d'une étude sur « l'Instruction supérieure en France », publiée dans : *Questions contemporaines*.

Célestin Bouglé

Certes, il serait fort puéril d'espérer que la France modifiera son caractère ; il serait même téméraire de le souhaiter. Elle est charmante comme elle est. Aurait-on la baguette des fées, il faudrait trembler avant de toucher à ces choses complexes où tout se tient, où les qualités sortent des défauts, et où l'on ne peut rien changer sans faire crouler l'ensemble. Mais le moyen d'être vraiment soi-même n'est pas de cultiver ses défauts. La grandeur de la France est de renfermer les pôles opposés. La France est la patrie de Casaubon [1], de Descartes, de Saumaise [2], le Du Cange [3], de Fréret [4]. La France a été une nation sérieuse aux époques où elle était le plus spirituelle ; on pourrait même soutenir qu'elle était plus spirituelle quand elle était plus sérieuse, et que ce qu'elle a perdu en solidité, elle ne l'a pas gagné en véritable agrément. Gardons, je le veux bien, la tradition de l'esprit français, mais gardons-la tout entière. N'espérons pas surtout que nous exercerions désormais sur l'Europe l'action que nous avons exercée au XVIIe et au XVIIIe siècle en nous renfermant dans nos vieilles habitudes. La culture intellectuelle de l'Europe est un vaste échange où chacun donne et reçoit à son tour, où l'écolier d'hier devient le maître d'aujourd'hui [5]. C'est un arbre où chaque branche participe à la vie

1 Isaac CASAUBON, érudit et théologien calviniste (1559-1614), professeur à Montpellier et au Collège de France, a écrit une réfutation des erreurs de Baronius, un traité *De libertate ecclesiastica* et un recueil de Lettres

2 Claude DE SAUMAISE (1588-1653), critique célèbre pour ses nombreux travaux d'érudition *De usuris, De episcopis et presbyteris, De hellenistica commentarius, De caesarie virorum et mulierum coma, De primatu Papae, Delensio regia pro Carolo I*, etc... Il a donné, en outre, une édition des *Historiae Augustae scriptores*~et des *Exercitationes Plinianae.*

3 Charles du FRESNE DU CANGE (1610-1688), historien et philologue, familier avec l'antiquité et le moyen âge, se distingua par une rare sagacité d'esprit. On cite, parmi ses ouvrages, un *Glossarium ad scriptores mediae et infimae latinitatis* ; un *Glossarium ad scriptores mediae et infimae graecitatis* et une *Historia byzantina.*

4 Nicolas FRÉRET (1688-1749), célèbre érudit. Ses travaux embrassent les sujets les plus divers, depuis la chronologie (il soutint avec succès une discussion contre Newton) jusqu'à la géographie (il a dressé 1.357 cartes), à la mythologie et aux langues étrangères, y compris le chinois.

5 Après avoir rappelé les prétentions des intellectuels allemands, les universitaires français déclaraient dans leur manifeste de réponse, du 3 novembre 1914 :

« Les Universités françaises, elles, continuent de penser que la civilisation est l'œuvre, non pas d'un peuple unique, mais de tous les peuples que la richesse intellectuelle et morale de l'humanité est créée par la naturelle variété et l'indépendance nécessaire de tous les génies nationaux. »

E. RENAN

des autres, où les seuls rameaux inféconds sont ceux qui s'isolent et se privent de la communion avec le tout.

La grande expérience que la France accomplit depuis la fin du siècle dernier se poursuit dans l'ordre intellectuel comme dans l'ordre politique. L'issue de cette expérience est tout à fait incertaine ; mais il sera sûrement glorieux de l'avoir tentée. La démocratie à la manière française peut-elle constituer en politique une société forte et durable ? Peut-elle constituer dans l'ordre intellectuel une société éclairée, qui ne soit pas dominée par les charlatans, où le savoir, la raison, la supériorité d'esprit aient leur place, leur autorité légitime et leur prix ? Voilà ce qu'on saura dans cent ans, et on le saura grâce à la France. Je suis de ceux qui croient à l'avenir de la démocratie ; mais ces sortes de prévisions sont toujours sujettes à beaucoup de doutes, car les choses humaines sont trop compliquées pour qu'on puisse être sûr de tenir à la fois toutes les données du problème, et d'ailleurs la volonté des grands hommes vient de temps en temps déjouer les calculs. En tout cas, il faut continuer l'expérience. Félix culpa ! Cette audace qui parfois nous enlève les avantages des gens sensés fait notre grandeur. Beaucoup d'excellents esprits, à la vue des crises périodiques, suivies d'abattements, qui semblent le régime de notre pays, voudraient imiter ceux qui n'ont pas péché, ou bien user de remèdes capables de nous rendre le calme. Ce calme serait la mort. La France ne sait pas être médiocre. Si on veut travailler à la rendre telle, on n'y réussira pas ; ce n'est pas médiocre, c'est nulle et inférieure à tous qu'on la rendrait. N'arrêtons donc pas cette fièvre glorieuse, qui est le signe de notre noblesse...

E. MONTÉGUT

Traducteur d'Emerson, de Shakespeare et de Macaulay, critique littéraire à la Revue des Deux-Mondes de 1857 à 1862, aimant à voir du pays aussi bien qu'à fouiller dans les livres, Montégut est un des « essayistes » les plus informés et les plus pénétrants du XIXᵉ siècle.

Ses principaux ouvrages sont : les Libres opinions morales et historiques (1858), Tableau de la France, Souvenirs de

Bourgogne (1876), Essais sur la littérature anglaise (1883).

14
Les contradictions françaises [1]

La France est le pays le plus facile à juger en apparence, le plus difficile à juger en réalité, et tous les jugements qu'on a portés sur elle peuvent se ranger sous deux chefs principaux : la France est un pays monarchique, la France est un pays révolutionnaire. Peuple révolutionnaire ! dit cet historien, qui fait dater la France de 1789, et qui oublie qu'elle a été la plus monarchique des nations ; peuple anti-religieux ! dit un autre qui oublie que l'Église a été soutenue, la Papauté fondée par l'épopée de la France, la Réforme arrêtée dans son développement par l'obstination de fidélité de la France aux vieilles institutions ecclésiastiques. Peuple traditionnel, monarchique, et que les querelles malheureuses de soixante années pleines d'orages ont fait faussement juger ! se croient alors en droit de répondre certains publicistes. Hélas ! ce jugement n'est pas mieux fondé que les autres. La vérité est que la France, pays des contradictions [2], est à la fois novatrice avec audace et conservatrice avec entêtement, révolutionnaire et traditionnelle, utopiste et routinière. Il n'est pas de pays où les choses meurent plus vite ; il n'en est pas où leur souvenir vive plus longtemps. Oui, c'est un peuple révolutionnaire et traditionnel pour qui sait bien voir : révolutionnaire, parce que les métamorphoses y ont été plus nombreuses qu'ailleurs ; traditionnel, parce que sous toutes ces métamorphoses brille le même esprit méconnaissable en apparence...

Ce n'est pas en France que le génie français a été le mieux compris ; nous nous moquons très souvent des jugements des étrangers sur notre compte, mais ils en savent sur nous plus long que nous-mêmes. Nous nous accordons des qualités et jusqu'à des défauts qui ne sont pas les nôtres. Ainsi il est généralement tenu pour certain que le peuple français est un peuple pratique et

---

1 Extr. des *Libres opinions morales et historiques* (Essais sur l'époque actuelle), 1858, pp. 2-3.
2 La *Civilisation française*, qui signale ce texte (dans son numéro de février 1920), dit que « c'est le portrait le plus équitable, nuancé, pénétrant, qui ait été fait, à notre connaissance, de l'esprit du Français.

E. MONTÉGUT

de bon sens, et cela est vrai dans une certaine mesure, mais dans quelle mesure ? Nous sommes pratiques, si l'on entend par ces mots une certaine tendance à réaliser en faits nos rêves les plus fuyants ou nos pensées les plus abstraites ; nous ne le sommes pas, si l'on entend par être pratiques conformer sa conduite aux faits existants, et former ses pensées d'après l'expérience extérieure. Il est également admis que le Français est sceptique et se complaît dans le scepticisme : pure calomnie que nous propageons par esprit de fatuité ; il n'est pas de nation où l'individu ait plus à cœur d'avoir une croyance précise, soit plus tourmenté lorsqu'elle lui manque, et fasse de plus sérieux efforts pour s'en forger une et se convaincre de la réalité des fantômes qu'a enfantés son esprit. Il en est de même de la proverbiale légèreté française. Nous ne sommes point légers, nous sommes téméraires et cyniques : téméraires devant les dangers et les difficultés de la vie, cyniques dans la défaite et devant le spectacle du mal. Au fond, notre prétendue légèreté, sous les deux formes qu'elle revêt, témérité et cynisme, contient la plus haute philosophie, celle de la résignation. Nous sommes donc légers si l'on veut, mais seulement dans les choses auxquelles toute la gravité du monde ne pourrait rien changer. Grâce à notre esprit militaire, à notre esprit révolutionnaire, nous passons pour un peuple aventureux, et néanmoins il n'y a pas de nation chez laquelle les habitudes aient autant de puissance. Enfin, une opinion très répandue veut que le Français, être sans profondeur, n'ait aucun penchant aux spéculations abstraites, rêveries bonnes seulement pour les habitants des brouillards allemands. Or, il n'y a pas de peuple chez lequel les idées abstraites aient joué un aussi grand rôle, dont l'histoire témoigne de tendances philosophiques aussi invincibles, et où les individus soient aussi insouciants des faits et possédés à un aussi haut degré de la rage des abstractions.

15
Le privilège de la littérature française [1]

Si les mœurs du peuple français manquent d'originalité, son esprit est des plus remarquables, et si son expérience politique a été petite,

---

1 Extrait des *Libres opinions morales et historiques* (Essais sur l'époque actuelle), pp. 28, 29.

Célestin Bouglé

son activité intellectuelle a été immense. C'est par là qu'il doit être jugé. Le Français peut abdiquer ses droits et se tenir à l'écart des affaires qui touchent à ses intérêts, mais jamais il n'a renoncé et ne renoncera, je l'espère, à ses droits de citoyen du royaume de l'esprit. Le droit d'initiative auquel il renonce si facilement dans la vie pratique, il l'exerce avec audace dans les choses de l'intelligence. Toujours on l'a vu, passionné pour des théories et des systèmes, raffiner sur les idées qui lui étaient familières, chercher de nouvelles combinaisons intellectuelles, découvrir de nouveaux horizons philosophiques. Les littératures de tous les autres peuples offrent des lacunes ; elles jettent un moment d'éclat, et puis s'éteignent pour renaître quelques siècles plus tard, ou même pour ne plus renaître du tout ; elles subissent en quelque façon le sort des êtres animés qui ont une existence bornée, et dans cette existence deux ou trois courtes périodes de rayonnement ; elles sont le produit de la vie nationale, qui, à un moment donné, rassemble toutes ses forces pour donner une expression complète d'elle-même. La littérature française n'offre aucun de ces caractères ; c'est un phénomène particulier dans l'histoire générale des littératures. Elle n'a pas de lacunes, et depuis le XIIᵉ siècle jusqu'à nos jours il n'y a pas eu chez nous un instant d'interruption dans le mouvement des esprits. Il n'y a pas non plus, quoi qu'on dise, d'époque qui résume plutôt qu'une autre la vie intellectuelle de notre nation. Toujours variée et toujours changeante dans ses évolutions, notre littérature procède par métamorphoses, par contrastes, et se donne à elle-même un continuel démenti. À la littérature chevaleresque succède la littérature des fabliaux, qui en est la contre-partie. La riche littérature du XVIᵉ siècle, hardie et tumultueuse, ne laisse en rien pressentir la littérature orthodoxe de l'époque de Louis XIV, qui elle-même a eu pour héritière l'hétérodoxe littérature du XVIIIᵉ siècle, avec ses impiétés et sa philanthropie passionnée. Notre littérature, à toutes les époques, a été plutôt un libre produit de l'activité des esprits qu'un produit spontané et fatal des instincts nationaux, et elle a participé ainsi des privilèges de l'intelligence, la liberté, le mouvement, la durée, l'incessant rajeunissement. Elle présente l'image d'une âme en travail sur elle-même, croyante à certaines heures, sceptique à certaines autres, s'épuisant en combinaisons ingénieuses qu'elle brise aussitôt qu'elle en a découvert le côté

E. MONTÉGUT

défectueux, tandis que les autres littératures présentent plutôt l'image de l'alchimie de la nature, qui procède par amalgames, affinités fatales, et qui épuise la matière et le temps pour former une création qui ne durera qu'un jour. Il y a de l'analogie entre le plaisir que font éprouver les œuvres littéraires des autres pays et le plaisir que fait éprouver la vue d'un beau paysage ou la contemplation d'un beau visage humain ; mais la littérature française ne traîne après elle aucune enveloppe de chair et de sang, et le plaisir qu'elle procure ne peut être senti que par l'intelligence. C'est la littérature du pur esprit, et sa grande préoccupation a toujours été la défense des droits de l'intelligence. De là vient qu'elle a été considérée à juste titre comme une des armes principales du progrès moderne.

BERSOT

E. Bersot (1816-1880) fut nommé directeur de l'École normale supérieure par Jules Simon, en 1871. Il avait dû quitter le professorat pour le journalisme, ayant refusé de prêter serment au Gouvernement du 2 décembre.

Élève de V. Cousin, mais élève indépendant et aimant la Libre philosophie (c'est le titre d'un de ses livres), il rappelle volontiers les grands services que rendit la philosophie du XVIIIᵉ siècle à la cause de la liberté et de l'humanité.

Il a laissé à tous ceux qui l'ont approché le souvenir d'un stoïcien souriant, d'une sorte de saint philosophe. (V. la notice que Schérer lui a consacrée en tête du recueil de ses articles intitulée : Un moraliste.)

16
L'entrain français et l'esprit voltairien [1]

Un autre bonheur qu'il (Voltaire) eut, fut de naître au milieu d'une nation créée exprès pour seconder les entreprises comme la sienne. Il y a mille choses fâcheuses à dire du Français : il n'a aucune forme qui lui soit propre, il les traverse toutes successivement et

1 Extr. de *Un moraliste*, p. 484, par Edm. SCHERER.

Célestin Bouglé

n'en garde aucune, ce qu'il déteste le plus, c'est la méthode dans la vie ; il est né pour ne pas être calviniste ni janséniste ; il n'a goûté de la Réforme que l'indépendance, n'entendant pas qu'elle nuisît aux plaisirs ; il a admiré la grandeur de Port-Royal comme une belle chose, sans être tenté de l'imiter ; l'idée la plus bizarre qui ait pu entrer dans la tête d'un parti politique, c'est de transformer les Français en Spartiates ou en Romains [1] : ils emportent la liberté comme dans un assaut, ils ne se résignent pas à veiller pour la garder. Mais, quand on a bien maudit tous leurs défauts, il reste une nation qui a un admirable entrain et force les autres d'être sages ou de déraisonner avec elle [2]. Voltaire comprit quelle puissance on

---

1 On sait à quel point les rapprochements de ce genre étaient à la mode sous la Révolution et l'Empire. Buonarroti, dans la *Conspiration pour l'égalité, dite de Babeuf* (1828), distingue encore les esprits en Spartiates et Athéniens, selon qu'ils penchent vers les restrictions de la consommation ou vers l'abondance de la production.

2 À rapprocher de l'*Avis au peuple français* d'André CHÉNIER (texte publié par F. Roz dans *André Chénier*, Textes choisis, p. 233) :
« ... Car, il ne faut point le perdre de vue, la France n'est point, dans ce moment, chargée de ses seuls intérêts : la cause de l'Europe entière est déposée dans ses mains. La révolution qui s'achève parmi nous est, pour ainsi dire, grosse des destinées du monde. Les nations qui nous environnent ont l'œil fixé sur nous et attendent l'événement de nos combats intérieurs avec une impatience intéressée et une curieuse inquiétude ; et l'on peut dire que la race humaine est maintenant occupée à faire sur nos têtes une grande expérience. Si nous réussissons, le sort de l'Europe est changé, les hommes rentrent dans leurs droits ; les peuples rentrent dans leur souveraineté usurpée, les rois frappés du succès de nos travaux et séduits par l'exemple du roi des Français, transigeront peut-être avec les nations qu'ils seront appelés à gouverner ; et peut-être, bien instruits par nous, des peuples plus heureux que nous parviendront à une constitution équitable et libre, sans passer par les troubles et les malheurs qui nous auront conduits à ce premier de tous les biens. Alors la liberté s'étend et se propage dans tous les sens, et le nom de la France est à jamais béni sur la terre. Mais, s'il arrivait que nos dissensions, nos inconséquences, notre indocilité à la loi, fissent crouler cet édifice naissant et parvinssent à nous abîmer dans cette dissolution de l'empire, alors, perdus pour jamais, nous perdons avec nous pour longtemps le reste de l'Europe, nous la reculons de plusieurs siècles, nous appesantissons ses chaînes, nous relevons l'orgueil des tyrans. Le seul exemple de la France, rappelé par eux aux nations qui essayeraient de devenir libres, leur ferait baisser les yeux. « Que ferons-nous ? se diraient-elles ; avons-nous plus de lumières, plus de ressources que les Français ? Sommes-nous plus riches, plus braves, plus nombreux ? Regardons ce qu'ils sont devenus et tremblons ! » La liberté serait calomniée ; nos fautes, nos folies, nos perversités ne seraient imputées qu'à elle ; elle-même serait renvoyée parmi ces rêves philosophiques, vrais enfants de l'oisiveté ; le spectacle de la France

a quand on a dans sa main une nation pareille ; comme Napoléon, il s'en servit pour conquérir le monde ; plus heureux que lui, il la garda jusqu'à sa mort.

E. LAVISSE

Membre de l'Académie française, professeur à la Sorbonne, directeur de l'École normale supérieure, E. Lavisse, après avoir étudié la formation de la puissance prussienne, a consacré la plus grande partie de son effort à l'histoire de France.

Il a dirigé la publication d'une Histoire de France depuis les origines jusqu'à la Révolution, dont il a écrit les tomes concernant le siècle de Louis XIV.

En même temps, tenant à contribuer, non seulement à la réorganisation de l'enseignement supérieur, mais à l'élévation du niveau de l'enseignement primaire, il composait des manuels d'histoire à l'usage des écoles. Chaque année d'ailleurs, au début des vacances, il adressait aux écoliers de son pays, Nouvion-en-Thiérache, un discours familier où il mettait à la portée, de tous les résultats de son expérience, et en particulier ceux de la double connaissance qu'il avait acquise de l'histoire d'Allemagne et de l'histoire de France.

17
L'âme française [1]

Nous ne naissons pas dociles, ni respectueux ; notre antique hiérarchie sociale est écroulée ; la hiérarchie politique a perdu toute autorité ; aucun ordre nouveau n'apparaît clairement, Nous ne sommes pas une nation « organisée » [2]. Quelles tâches après la

---

s'élèverait comme un épouvantail sinistre pour protéger partout les abus et mettre en fuite toute idée de réforme et d'un meilleur ordre des choses ; et la vérité, la raison, l'égalité, n'oseraient se montrer sur la terre que lorsque le nom français serait effacé de la mémoire des hommes. »

1 « L'état d'esprit qu'il faut. » Extr. de *la Revue de Paris*, janvier 1915.
2 On se souvient que le chimiste allemand Ostwald prétendait faire de l'organisation le monopole de la culture allemande.

Célestin Bouglé

guerre, et comme elles seront difficiles !

Voilà bien des raisons d'infériorité ; alors, comment se fait-il que nous ne soyons pas vaincus ?

Sans doute parce que nous ne combattons pas seuls, parce que nous avons de bons et vaillants alliés ; mais aussi, nous pouvons le dire, et personne à peu près ne nous contredira, parce que nous sommes ce que nous sommes.

L'âme française aime pieusement la terre des ancêtres, elle a le sentiment de l'honneur national ; elle est passionnée de justice ; elle n'est point égoïste ; elle est capable d'admirer l'étranger et de se déprécier par comparaison ; elle est vive et prompte à l'émotion exagérée, mais sensée, fine ; une de ses joies est de rire du ridicule.

Or, entre les nations, une s'est levée, étrange, monstrueuse, casquée, portant lunettes, myope et presbyte à la fois, qui voit mal ce qu'elle a devant les pieds, et qui embrasse le monde d'un regard d'orgueil, insolente et riant gros. Et la France s'est demandé en souriant : « Qu'est-ce que c'est que ces gens-là ? » Mais ces gens-là ne reconnaissent qu'à eux seuls la dignité humaine ; ils s'esclaffent de leur gros rire devant l'idée de justice ; ils violent toutes les lois de l'humanité civilisée ; ils envahissent la terre de nos ancêtres ; et leur barbarie évoque, du lointain passé, le souvenir d'Attila. Oh alors ! la France a suspendu son sourire. Sérieuse, elle a pris sa résolution ; à l'instant se sont réveillées, brillantes et fortes, ses vieilles vertus de guerre. Et c'est bien l'âme française tout entière, de tous points opposée à l'âme allemande, et pleinement révélée par notre peuple en armes, qui arrête l'invasion, la refoule, et la vaincra.

A. CROISET

Longtemps doyen de la Faculté des lettres de Paris, Alfred Croiset a écrit, en collaboration avec son frère Maurice, une Histoire de la littérature grecque qui montre bien que les savants français restent capables de concilier le souci de l'érudition précise avec celui de la synthèse. L'hellénisme n'a d'ailleurs jamais détourné Alfred Croiset des problèmes de la vie contemporaine. C'est ce qui est sensible dans son livre sur les Démocraties antiques et dans les contributions à divers

ouvrages de la Bibliothèque générale des sciences sociales.
Il n'a cessé de rappeler quel avantage il y a, pour l'esprit
français, à rester attaché à la tradition du rationalisme
antique.

18
Idéal français et idéal humain [1]

Ils se disent les soldats de Dieu. La France aussi a été souvent appelée « *miles Dei* ». Mais ce n'est pas le même Dieu qu'on sert dans les deux camps. Lorsqu'ils invoquent leur « vieux Dieu allemand », l'Europe du XXe siècle voit brusquement sortir du lointain des âges l'image baroque d'un dieu de tribu, d'un Moloch barbare, grossière incarnation de la force brutale, à qui l'on offre en sacrifice, pour prix de sa faveur, le sang des femmes et des enfants. Le nôtre s'appelle vérité et justice, raison et liberté ; et son culte ne demande d'autres immolations que celle du crime, de l'ignorance, de l'égoïsme et de toutes les misères qui pèsent sur l'humanité. C'est celui-là dont la France fut toujours le soldat. C'est celui-là dont l'image idéale, sous des noms différents, a toujours été la suprême inspiratrice de notre patriotisme.

Si nous aimons la France, c'est d'abord parce que la terre natale est douce à tous les hommes. Mais nous l'aimons aussi parce que son âme s'est lentement modelée sur cet idéal, et que notre raison comme notre cœur nous en découvrent la beauté. À toutes les époques de notre histoire, chaque fois qu'il s'est agi de défendre non pas seulement des intérêts éphémères ou particuliers, mais l'existence même de l'âme nationale, ce patriotisme idéaliste, toujours vivant dans les masses profondes de la nation, a soulevé le peuple de France. C'est celui qui respire dans la chanson de Roland, c'est celui qui combattit à Bouvines, qui suscita Jeanne d'Arc, qui enflamma les volontaires de 92 et qui soutient dans leur lutte héroïque les armées de 1914.

La France a pu, au cours des siècles, modifier les formes de sa vie et de sa pensée, comme l'aspect de son sol et de ses cités. Les mots, le langage ne sont pas les mêmes dans tous les temps ;

1 Extr. d'un discours prononcé à l'ouverture des conférences de la Faculté des lettres de l'Université de Paris, le 5 novembre 1914.

Célestin Bouglé

les idées et les sentiments, par l'effet d'une évolution nécessaire, revêtent des apparences successives qui, parfois même, semblent contradictoires. Regardez au fond des choses : vous y trouverez toujours le même idéalisme, et la puissance magique qui soulève à certaines heures l'élan unanime de toute la nation, c'est toujours la certitude lumineuse qu'il s'agit, à ces moments-là, de sauver la civilisation française, c'est-à-dire une forme exquise de justice et de vérité universelles.

Notre idée de la justice, en effet, est essentiellement libérale et humaine. Elle est un composé de raison et de sentiment. Elle se fonde sur la dignité de la personne humaine, et sur l'esprit de douceur qui se mêle chez nous presque toujours aux idées pures. Le libre jeu des activités nous paraît, dans l'intérieur de chaque nation particulière, comme dans la société des nations, une condition primordiale de la bonne santé de l'ensemble. Nous faisons dépendre l'unité nécessaire aux groupes sociaux moins d'une discipline extérieure et oppressive que de l'assentiment raisonnable des volontés. Le droit de chacun nous apparaît moins comme une conquête égoïste de l'individu que comme une fraction du bien général et un élément de l'harmonie universelle. En défendant notre droit, nous avons le sentiment que nous défendons le droit de tous. Et c'est pour cela que toutes les nations opprimées tournent les yeux vers la France. Il faudrait ne rien connaître de l'étranger pour ignorer la puissance morale qui s'attache au nom de la France, partout où l'histoire a laissé des injustices à réparer, des souffrances à guérir.

Cette conception humaine et fraternelle de la justice est née dans la Grèce antique ; c'est la Grèce qui a créé l'idée de la dignité humaine et celle de la liberté soumise à la loi ; c'est à Athènes surtout que le sentiment de l'*humanité* (mot en grec) a commencé d'élargir la notion du droit, et qu'a été clairement conçue la valeur pratique et esthétique, pour l'individu comme pour la société, d'un ordre fondé sur la raison et sur l'harmonie. Rome a reçu cet héritage ; elle l'a marqué de son sceau par la netteté de ses formules et l'a transmis au monde moderne. La France, devenue chrétienne, a reçu à son tour les leçons de la sagesse antique, qu'elle a combinées avec ses tendances propres. La Révolution, enfin, suite naturelle de toute notre évolution historique, a condensé la philosophie

A. CROISET

traditionnelle de la France dans les trois mots d'une devise qui a fait le tour du monde, et, par elle, la civilisation méditerranéenne et française est devenue de plus en plus, pour une grande partie de l'humanité, la lumière et l'espérance de l'avenir ; car elle implique justice pour les individus, et justice pour les nations.

E. BOUTROUX

Membre de l'Académie française, directeur de la Fondation Thiers, M. E. Boutroux a longtemps enseigné, à l'École normale et à la Sorbonne, l'histoire de la philosophie. Il s'est livré en même temps à une approfondie critique des sciences qui lui permet de limiter les prétentions du déterminisme (sa thèse porte ce titre significatif : De la contingence des lois de la nature). Il a toujours conçu la raison comme une faculté ordonnatrice qui tend à l'idéal en même temps qu'elle comprend le réel, et, bien loin de l'exclure, implique le sentiment (v. Science et religion). Conception dont il s'efforce de montrer qu'elle s'accorde avec les tendances dominantes de la philosophie française. (Voir sa communication au 3ᵉ Congrès international de philosophie, sur la philosophie en France depuis 1867, publiée dans la Revue de métaphysique et de morale, 1908, pp. 683 à 716.)

19
La pensée française et l'idéal classique [1]

... En face de cette apothéose du germanisme, qu'elle a vu avec stupeur succéder à la pensée large et accueillante d'un Leibnitz ou d'un Gœthe, la France a maintenu jalousement l'idéal classique, auquel, de longue date, elle s'est attachée ; et elle en a pris une conscience de plus en plus claire et précise.

Elle ne part pas de l'idée de l'infini ou de l'absolu, comme norme de la pensée et comme principe de l'organisation du monde. Elle a simplement devant les yeux l'idée d'humanité ; et elle se donne pour tâche, en premier lieu, de concevoir le plus judicieusement

1 Revue bleue, janvier 1915.

Célestin Bouglé

et le plus noblement possible cette idée, familière à tous les hommes, puis de la réaliser, de plus en plus profondément, dans les différentes parties de la vie humaine.

Non que la pensée française ignore l'infini divin ou l'infini de la nature : Pascal a célébré l'un et l'autre en termes inoubliables. Mais les esprits nourris de la tradition classique s'élèvent de l'homme à ce qui le dépasse : ils ne partent pas de l'inconnu ou de l'inconnaissable, pour définir et organiser le connu.

Dans cette idée de l'humanité, la pensée classique assigne un rôle essentiel à un élément que la pensée allemande, préoccupée surtout de puissance et de science, a presque toujours considéré comme secondaire : le sentiment. La pensée classique ne met pas le sentiment hors de pair, comme fit Rousseau. Mais elle ne se contente pas d'une raison purement géométrique ou métaphysique, comme font les philosophes allemands. La raison aristotélicienne est la faculté de juger, non seulement du possible, mais du convenable. Elle enveloppe un sentiment, irréductible à la pensée purement logique, de l'ordre, du beau, de l'honnête, du désirable, du bien. La raison cartésienne est une faculté vivante et délicate de discerner, en toute rencontre, le vrai du faux, faculté qui se cultive par la pratique de la vie, non moins que par l'étude des sciences. On sait avec quelle précision Pascal distingue entre l'esprit de géométrie et l'esprit de finesse. On peut dire que, selon la pensée classique, l'esprit de géométrie ne suffit jamais, non pas même en géométrie, mais que l'union de l'esprit de géométrie et de l'esprit de finesse est requise en toute recherche qui tend à dépasser la sphère des abstractions et à serrer de près la réalité.

De là, dans notre société, le culte, non seulement de la science, mais de l'intelligence proprement dite, du jugement, du bon sens, du tact, du sens des nuances et de la mesure. De là le maintien, à travers tous les progrès de la connaissance, de cette parenté entre la science et l'art, entre la théorie et la pratique, que les anciens affirmaient dans leur définition de la sagesse.

Non plus que la science, la puissance, selon la conception classique de l'idéal humain, ne doit s'isoler du sentiment. Elle doit s'humaniser, s'adoucir, se pénétrer d'éléments moraux, d'équité, de générosité, de bonté. Toute la civilisation grecque n'est qu'un

E. BOUTROUX

effort constant pour soumettre la force à la grâce, pour remplacer la contrainte par la persuasion. Bismarck disait que le sentiment est au calcul et à la force ce que l'ivraie est à la bonne herbe, et que, comme l'ivraie, il doit être extirpé. Nous pensons, au contraire, que le sentiment, judicieusement cultivé, fait partie intégrante d'une intelligence fine et d'une puissance bienfaisante.

Voués à un tel idéal, nous entendons tout autrement que les Allemands le progrès de la civilisation dans le monde. Certes, nous repoussons un individualisme extrême, qui ne verrait dans tout lien entre les hommes qu'une contrainte, et dans toute organisation qu'une tyrannie. Nous reprochons précisément à Rousseau d'avoir écrit qu'à tout individu humain appartient une existence absolue et naturellement indépendante. Les individus sont, en fait comme en droit, solidaires les uns des autres. Et cette solidarité va s'accroissant de jour en jour avec le progrès des communications. Mais, pensons-nous, la différence de nature qui existe entre une personne et une chose n'en subsiste pas moins. Une personne mérite le respect ; et il y a, dans notre monde, des personnes collectives aussi bien que des personnes individuelles. Une nation est aussi une personne, et a le droit de vivre selon son génie propre, pourvu qu'elle n'attente pas à la vie des autres nations. La notion de droit, fondée sur celle de dignité et de valeur morale, doit donc à nos yeux être conciliée avec la notion d'organisation, si l'on veut que l'organisation soit non seulement scientifique, mais humaine. Le tout n'a pas seul une valeur, quand il s'agit d'un tout composé de personnes. La partie, elle-même, dans ce cas, doit être tenue pour une fin. L'organisation que nous souhaitons respecte la liberté des membres, en même temps qu'elle coordonne leurs facultés en vue d'une action commune. Le tout que nous concevons est une harmonie vivante, non une unité morte.

C'est pourquoi notre pays s'appelle et continuera de s'appeler la douce France. On y est patriote, certes, et l'on ne fait qu'un dès qu'il s'agit de défendre l'honneur et la vie du pays. Mais l'union n'y est pas imposée du dehors à des organes entièrement hétérogènes, simplement complémentaires les uns des autres. Le principe de l'union est dans les âmes elles-mêmes, dans une nature commune, dans un sentiment commun de fidélité et d'amour envers cette France idéale et éternelle, dont notre histoire nous offre de si belles

Célestin Bouglé

images. Et dans notre sentiment de Français est impliqué l'amour des traditions et tendances diverses dont l'ensemble harmonieux constitue l'esprit français. En sorte que l'unité n'exclut pas la variété, et que la France demeure un pays où, pour tous, quelles que soient leurs croyances et leurs opinions, il fait bon vivre.

La disposition de l'esprit français à l'égard des peuples étrangers est analogue. Il répugnerait aux Français, épris de bon sens, de jugement et de mesure, de professer qu'ils se suffisent et n'ont rien à apprendre des autres peuples. Tout au contraire, ils sont curieux de ce qui se passe à l'étranger ; ils savent, mieux qu'on ne le dit parfois, le comprendre et l'apprécier ; ils ont écrit sur l'Allemagne, ces temps derniers, des ouvrages d'une perspicacité et d'une impartialité rares. Non seulement ils goûtent les productions originales de l'étranger, mais ils s'en inspirent dans leurs propres créations. Corneille emprunte a l'Espagne, notre dix-huitième siècle à l'Angleterre, notre romantisme à l'Allemagne. Mais, en empruntant, le Français pratique la méthode classique de l'imitation. Il met sa marque sur ce qu'il emprunte, et le fait sien. « Ce n'est pas dans Montaigne, disait Pascal, mais dans moi, que je vois ce que j'y vois. »

Conciliation de la liberté et de la solidarité, de l'organisation et de l'initiative, du sentiment et de l'intelligence, de l'art et de la science, et par là même, réalisation, aussi large et haute que possible, de l'idée d'humanité, tel est l'objet que, dans le passé, s'est proposé la France : elle n'a point à en chercher d'autre. À l'expérience que lui donne la guerre actuelle elle devra mainte méthode nouvelle de tendre à son idéal, mais elle restera fidèle à cet idéal, pour son honneur et pour son bien, et dans l'intérêt de l'humanité tout entière [1].

BERGSON

Membre de l'Académie française, professeur au Collège de France, M. H. Bergson poursuit à sa manière, – par son original effort pour saisir, sous les abstractions construites

[1] Comment cet idéal s'est formé et a dominé dans notre littérature, c'est ce que G. Lanson a montré dans des cours professés en Sorbonne, en 1915-1916, révisés à Strasbourg, en 1919. Des résumés de ces cours sont publiés dans la revue intitulée la *Civilisation française, Guide pour l'explication des choses de France.*

pour les besoins de la science, les données immédiates de la conscience, – la lutte contre le matérialisme et le déterminisme qui, a été la tradition dominante de la philosophie universitaire française au XIXe siècle. Sa méthode implique un constant appel, non seulement à l'« élan vital » (dont il rappelle le rôle dans l'Évolution créatrice), mais à l'Énergie spirituelle (c'est le titre de son dernier livre).

20
L'enseignement français [1]

Au commencement de 1913, je professais à l'Université de Colombie à New-York, et j'étais en rapport avec d'autres universités américaines. On me disait : « Nous nous sommes tournés vers les Universités allemandes à une époque où l'Amérique n'avait pas d'Universités et où les vôtres n'étaient pas encore réorganisées. Puis nous avons continué, par habitude. Mais maintenant, c'est de votre côté que nous regardons. » Voilà comment parlaient des Américains, avant que la guerre leur eût pleinement révélé l'infériorité morale de l'âme allemande. J'ai réfléchi depuis, à ce qu'ils me disaient alors, aux qualités qu'ils découvraient à notre enseignement, et il m'a semblé que ce qu'ils appréciaient déjà dans nos méthodes, c'était, par rapport : aux méthodes allemandes, une supériorité morale.

Car après avoir loué la science de nos maîtres, après avoir constaté que nous étions les héritiers des Grecs et les dépositaires de la tradition classique, que sur les textes anciens nous nous entendions fort bien, nous aussi, à faire de l'érudition et de la critique verbale, mais que nous savions, en outre, faire goûter ce qu'il y a d'artistique dans ces œuvres d'art, que là est d'ailleurs le but et que, s'il est utile de bien racler la pelure, le principal est de savourer le fruit, ils ajoutaient : « Il y a deux choses que nous prisons par-dessus tout dans l'enseignement français, les qualités de clarté et de composition qu'on trouve dans la leçon du maître, et l'habitude de faire sans cesse appel, chez l'étudiant et même chez

---

1 Extr. d'une allocution prononcée par M. Bergson, le 2 mars 1919, lors d'une réception organisée en l'honneur des professeurs et étudiants américains par le « Rapprochement universitaire ».

Célestin Bouglé

l'écolier, à l'esprit d'invention. »

Mais ces habitudes de clarté et de composition que représentent-elles sinon la sincérité vis-à-vis de soi-même et aussi le désir de rendre la science accessible au plus grand nombre ?

Ce n'est pas chez nous qu'un savant se vanterait d'avoir écrit des livres qui ne peuvent être compris que d'une douzaine d'autres savants, ses collègues et ses pairs. Nous n'avons pas de caste scientifique. Nous nous en voudrions de réserver le festin de la science à ceux qui en ont fait les frais. Il y a des qualités intellectuelles qui tiennent à des dispositions morales, et en approfondissant la clarté on y trouverait peut-être de la générosité, comme on sent de la chaleur quand on s'approche d'une source de lumière. On pourrait dire en donnant au mot démocratie son sens le plus élevé, que la clarté est d'essence démocratique. Pour ne parler que de la philosophie, ce n'est pas chez nous qu'on l'a hérissée de mots techniques, barbares, qui s'interposent entre elle et le public. Nos plus grands penseurs, à commencer par Descartes, ont jugé qu'il n'y a pas d'idée philosophique, si profonde ou si subtile soit-elle, qui ne puisse et ne doive être exprimée dans la langue de tout le monde. La philosophie a pu se répandre ainsi dans la nation entière. La nation y a gagné. La philosophie aussi, car au lieu de s'amuser, seule avec elle-même, à construire des systèmes fragiles, où il y a toujours du vide et parfois de l'absurde, elle s'est soumise ainsi au contrôle du sens commun en même temps qu'elle s'est fécondée au contact de la science, de la littérature et de l'art. Elle a pu rester constamment génératrice d'idées.

Quant à l'appel que nous lançons, dès le collège et même dès l'école, aux facultés d'invention, d'où vient-il sinon de notre respect de la personne humaine et de notre désir de donner à l'individualité, dans les limites compatibles avec la discipline sociale, sa plus haute expansion ? Ce n'est pas chez nous qu'on dresse l'écolier à une attitude passive et à un travail automatique : ce n'est pas chez nous que l'étudiant est occupé à collectionner plus ou moins machinalement des matériaux qui ne serviront, – s'ils doivent jamais servir, – qu'aux publications du maître. Le principe de notre système d'éducation est qu'il faut traiter tout étudiant, et même tout écolier, comme s'il y avait en lui l'étoffe d'un maître.

BERGSON

ISBN : 978-1514234563

www.ingramcontent.com/pod-product-compliance
Lightning Source LLC
Chambersburg PA
CBHW071014290526
45795CB00005B/1794